KB090696

세상 모든
JOB을 리뷰한다

워크맨

세상 모든 JOB을 리뷰한다

WORKMAN

재미는 기본, 구독자가 공감하고 얻어 갈 수 있는 정보가 있는 <워크맨>

<워크맨> 초반에는 많은 분이 경험했을 아르바이트 위주로 아이템을 선정했고, 100회를 넘어선 지금은 관세사, 구급대원 등의 직업들로까지 범위를 넓혀 폭넓게 촬영하고 있습니다. 어떤 분은 <워크맨>에서 촬영한 아르바이트를 현재 하고 있을 수도 있고, 어떤 분은 예전에 경험한 아르바이트를 <워크맨>을 통해 시청하실 수도 있습니다. 현재 종사하고 있는 직업을 다룰 수도 있고, 혹은 누군가 꿈꾸고 있는 직업을 다룰 수도 있기 때문에 단순히 재미만을 쫓는 예능이 되지 않길 바랐습니다. 예능이기에 재미는 기본이고 구독자가 공감하고 얻어 갈 수 있는 정보가 꼭 있어야 한다고 생각하며 <워크맨>을 제작했습니다.

"내가 이 일을 해봤더니 정말 힘든 것은 이런 점이고, 이런 건 장점이다" 이런 내용이 영상 내에 공감 포인트로 녹아 있고, 순간순간마다 빛나는 장성규 씨의 애드리브, 그리고 팁 자막, 시급 정보, 회사의 분위기, 장성규 씨의 소감 등을 통해 해당 직업에 대해 얻어 갈 수 있는 것이 있길 바랐습니다. 때문에 가장 반가운 댓글은 '○○직업이 궁금한데 정보를 찾기가 어려웠어요. 그런데 <워크맨>에서 볼 수 있어서 너무 좋았어요' 같은 것이었습니다. 제작진의 이런 제작 방향을 그대로 녹여낸 책이 발간되어 너무나 반갑습니다.

장성규 씨와 함께 100회가 넘도록 <워크맨>을 제작하면서 세상에 직업이 참 다양하고 많다는 이야기를 자주 했습니다. 아직도 촬영하지 못한 직업들이 많기에 앞으로도 <워크맨>은 '세상 모든 잡(job)을 리뷰한다'는 프로그램 소개 문구처럼 계속해서 리뷰해 나겠습니다.

100회까지 프로그램을 잘 이끌어준 장성규 씨, 제작진, 스튜디오룰루랄라의 임직원 여러분께 감사드리며, 무엇보다 직업 현장에서 많은 도움 주시고 따뜻하게 배려해주신 출연자 분들께 감사드립니다. <워크맨> 파이팅!

담당 피디 박요셉

대한민국 인싸계 최종 보스몹 일자리

에버랜드

★ ★ ★ ★

꿈과 희망의 나라

그렇게 에버랜드 알바는 환호와 웃음과 춤으로 시작됐다.

아마존에서 춤추는 직원들

(물) 둠칫 둠칫 (아)

♪ 빵야 빵야
짬바 짬바

(일) (체)

군무도 추고

쉬지 않고 점심 까지

아마존은 시작에 불과했다.

그리고 날 기다리는 것은 ...

티 익스프레스

뿌잉 뿌잉

또다시 환상의 나라 에버랜드 알바로

여긴 어디, 나는 누구?

밤밤 어택 공연?

워터
배틀
존

입구 출구

밤밤
어택

운영시간

TIP 밤밤어택 공연 1일 4회 제공
(썸머 워터 축제 기간 한정)

물총싸움?
어린애들과?

싸움이라고?
스트레스 좀
풀어볼까?

씨익

밤밤 바 라라 바 라라~

이젠 결전이다.

춤에 진심인 알바 워크맨

이 정도면 한 50만~60만 원은 받겠지?

스윽

놀이동산에서 일하는 분들이 웃을 수 있는 이유는

에버랜드 정산
42,000원
÷ 5시간
시급 8,400원

힘들어도 보람된다.

하하 하

사람들의 즐거움과 함께하는 알바이기 때문이다.

하 하 하

도망가자!

하

★ ★ ★ ★
에버랜드

'세상 모든 직업들에 대해 알려주겠다'는 신념으로 선넘규 워크맨 장성규가 이번에 체험한 직업은 에버랜드 알바.

⚙ 에버랜드가 어떤 곳이야?

알바를 하더라도 에버랜드가 어떤 곳인지 알아야겠지? 에버랜드는 경기 용인시 처인구 포곡읍에 있는 테마파크야. 읍이라니 시골스럽다고? 아냐. 1976년에 개장한 에버랜드는 각종 놀이시설과 아메리칸 어드벤처, 매직 랜드, 유로피언 어드벤처, 주토피아 등 5개 테마 존이 있어. 1년 내내 색다른 테마로 펼쳐지는 튤립, 장미, 썸머 스플래시, 핼러윈, 로맨틱 일루미네이션 등 축제를 즐길 수 있지. 게다가 국내 최초의 우든 코스터 T 익스프레스와 국내 최대 생태형 사파리 로스트 밸리가 즐길 만해. 에버랜드의 테마송 그대로 '환상의 나라로 오세요~ 즐거운 축제가 열리는 곳, 모험의 나라로 오세요~ 영원한 행복의 나라 에버랜드'지.

더 궁금한 건 에버랜드(https://www.everland.com/web/intro.html) 공식 홈페이지를 찾아보자.

⚙ 에버랜드 알바 인기 있다던데?

근무는 상시직, 파트직, 주말직으로 크게 구분돼. 업무는 상품 판매, 푸드 서비스, 주차 안내, 그린, 공연 가이드, 티켓, 어트랙션, 동물원, 그리팅, 드라이버, 손님 안내 등 테마파크 운영과 관련된 다양한 일을 하지. 구체적으로 어떤 일을 하는지는 에버랜드 채용 페이지에 자세하게 소개되어 있으니 참고해서 지원하면 좋을 것 같아. 어쨌든 확실한 건 채용 후 결정 나는 거지. 그러니까 먼저 알바로 뽑히고 나서 생각해봐야겠지?

⚙ 에버랜드 알바가 하는 일은?

- ◆ 그리팅: 입장 시 티켓 체크 및 손님 응대
- ◆ 티켓: 이용권 발권
- ◆ 어트랙션: 놀이기구 탑승 안내

◆ 상품 판매: 캐릭터 상품 진열 및 계산
◆ 푸드 서비스: 식음료 판매 및 계산, 홀서비스, 주방보조 업무
◆ 동물원 : 동물원 안내 및 체험 프로그램 운영
◆ 엔터테인먼트 : 공연 가이드, 콘텐츠 운영 보조
◆ 그린 서비스: 파크 내 청결 업무 및 손님 길 안내

이런 게 주로 알바가 담당하는 일이야. 물론 그 외에도 많지만 직접 알아봐야 피와 살이 되겠지.

✿ 에버랜드 알바를 하고 싶다면?

서류 지원-면접-최종 합격의 과정을 거쳐야 해. 채용 절차는 간단하지? 예의 바르고, 깔끔하고, 성실하게 쓰면 합격이라고 말하고 싶지만 그래도 떨어질 수 있지. 경쟁률이 높은 시기엔 특히 그래. 면접은 다들 나름 준비를 많이 하고 와. 자기소개를 특색있게 하는 것도 인상에 남겠지? 열심히 했는데도 탈락한다면? 경쟁 사회잖아. 아쉽게 떨어

졌더라도 기회가 되면 다시 도전해봐.

인기 알바답게 경쟁을 뚫고 최종 합격해도 원하는 업무에 배정되지 않을 수도 있어. 하다 보면 생각하지 못했던 좋은 점을 찾을 수 있으니까 결과에 너무 실망하지 말고 열심히 해보자!

에버랜드 알바는 뭔가 다르다던데?

일단 맛있는 식사. 이건 유명하지? 나도 먹어봤는데 괜찮았어. 그리고 수도권 출퇴근 셔틀 운행, 원거리 거주자 기숙자 제공. 심지어 가격도 저렴해. 좋지. 그런데 주소 봤어? 시골이라 어쩔 수 없는 혜택이야. 하지만 무엇보다 환상의 나라 에버랜드를 매일 누구보다 많이! 먼저! 늦게까지! 즐길 수 있잖아.

알바 급여와 복리후생

시급은 직무에 따라 조금씩 달라. 최저시급에 맞춰 매년 인상되고 주휴 및 연차수당, 4대 보험 지원, 근무 기간에 따른 이용권 지급, 1년 이상 근무자 퇴직금 등 혜택은 놓치지 말아야지. 에버랜드 알바는 휴무날 에버랜드에 무료로 입장할 수 있어.(1년 중 며칠만 빼고 말이야)

⚙ 에버랜드 알바 잡(job) 정보를 정리하면

에버랜드 알바는 알려진 대로 춤추고 노래하고, 맛있는 밥 먹고, 기숙사에서 청춘을 불태울 수 있어. 대부분의 사항은 다른 알바와 똑같아. 아무리 즐겁고 재미있고 혜택이 좋아도 힘든 부분이 있지! 하지만 사람들이 행복해하는 모습을 보면 너무 뿌듯할 것 같지 않아? 난 아니지만 청춘이라면 한번 해볼 만해.

⚙ 에버랜드 알바가 적성에 맞는다면 이런 직업은 어때?

◆ **파티 플래너**

여가 활동의 중요성이 커지면서 파티 문화가 점차 대중화되고 있습니다. 그 열풍 속에서 파티 플래너라는 직업이 주목받고 있습니다.

◆ **파티 플래너란?**

효과적인 파티 진행을 위한 기획, 운영, 연출, 홍보 등 전체 과정을 총괄하는 전문 직종입니다. 고객을 관리하는 것부터 크게는 장소 섭외, 프로그램 구성, 세세하게는 테이블 장식, 디자인, 그리고 레크리에이션 같은 원만한 진행과 연출을 진행합니다.

◆ **파티플래너가 되고 싶다면?**

대학의 이벤트 혹은 홍보 관련 학과에서 교육 받을 수 있습니다. 최근에는 평생교육원이나 사설 학원 등에서도 교육 과정을 밟을 수 있습니다. 평소에 영화나 잡지에 관심 있고, 이벤트 감각이 있다면 도전해볼 만한 직업입니다.

손님들을 위해 하얗게 불태웠어...

★을 빛내는 조력자 아이돌 매니저

☆ ☆ ☆ ☆

연예인 매니저

몸빵 전문 전직 아나운서!

너희 여기 와도 되는 거야?

얘네 JTBC예요. 잡아가세요!

팀킬 전문 (전)아나운서

a few moments

장성규, 엑소 매니저 체험한다. '위크맨' 만남 성사

탕 탕

탕

장성규, 엑소와 컬래버 예고, 수호가 쏘아올린 작은 공

장성규 매니저 체험, 이번엔 엑소? 역대급 조합 기대감!

탕탕

엑소 매니저?

(엑소♡)

오늘이야?

◇매니저 대가리라서 매가리.

（너희챠뚱）

이렇게 만나니까
너무 신기하다.
엑소는 똥도
안 싸잖아요.

ㅋㅋㅋㅋㅋㅋㅋㅋ

엑소 나가십니다.
비키세요~

화장실 좀…

(급해열)

뭐?!
급하다고?!

(세상) (다급)

엑소가 지금
화장실 가야 됩니다.

지퍼
내릴 줄 알아요?

으윽!

고래

고래

화장실 어디예요?

사람이다.

a few moments

PM 12:00 라디오 출연

김신영의 정오의 희망곡

ON AIR

지금부터 매니저 할 일을 해야겠지.

매니저 잡(job)1 - 음원 전달

안녕하세요 장성규 입니다.

신입 매니저 입니다.

엑소 잘 부탁드립니다.

짜   안

EXO   EXO   EXO

TIP 신곡 홍보를 위해 방송 관계자들에게 사인CD 전달

매니저 잡 4 - 다양한 홍보전략 고민

라이브 방송
진행합시다!

TIP 다양한 홍보전략
항상 고민

라이브 방송 직접 출연

(오) (바)

엑소 파이팅!

엑소엘
사랑합니다!

(깜짝출연)

연예인 매니저의 하루는 끝이 없다.

매니저 잡9 - 연예인 단체 스케줄 외 개인 스케줄 관리

일단 한 명은 개인 스케줄로 먼저 빼갑니다.

다 다다 다

필요하다면 배송 업무도 불사한다.

지금 공항 가면 빠듯하니까 지하철로… 알죠?

다 다 다 다

잠깐! 팬들이 몰려들 수도 있어.

청담

1

무사 배송 완료

연예인 매니저

75

연예인 매니저

'세상 모든 직업들에 대해 알려주겠다'는 신념으로 선넘규 워크맨 장성규가 이번에 체험한 직업은 연예인 매니저.

✧ 연예인 매니저란?

K-컬처 열풍과 함께 주목받는 연예 기획사와 매니저. 특히 연예인의 일거수일투족을 함께하는 매니저는 엔터테인먼트 산업에 없어서는 안 되는 중요한 역할로 떠오르고 있어. 매니저가 주인공인 방송 프로그램도 있잖아. 연예인 매니저는 연예인과 관련된 일은 그냥 다 한다고 생각하면 돼. 전부 다. 방송 출연, 광고 촬영, 행사 일정 등 스케줄 업무부터 출연 관련 계약, 홍보, 프로듀싱 등의 업무까지 매니저의 역할은 한마디로 여기까지라고 말하기가 힘들어.

✧ 연예인 매니저의 역할

그래도 잡(job) 정보니까 매니저가 무슨 일을 하는지 살펴봐야겠지. 매니저는 우선 로드 매니저, 치프 매니저, 제작 매니저로 역할을 나눌 수 있어. 현장 매니저라고 불리는

로드 매니저

치프 매니저

제작 매니저

로드 매니저는 운전, 경호, 심부름 등 연예인을 가장 지근거리에서 돕지. 우리가 일반
적으로 생각하는 매니저야. 치프 매니저는 연예인의 스케줄 관리, 홍보, 섭외, 계약 등
을 진행하는 실장이나 팀장이라고 볼 수 있어. 그리고 제작 매니저는 매니지먼트의 총
책임자로, 연예인의 성장을 위해 다양한 지원을 수립하는 총책임자와 같아.

✧ 연예인 매니저가 되고 싶다면?

먼저 자신을 알아야 해. 그냥 연예 산업이 좋다든가, 게임
<프린세스 메이커>처럼 연예인을 키우고 싶다고 생
각하면 아직 1순위 직업이야. 매니저는 꼼꼼하고 계
획적인 성격에 대인관계의 원만함, 원활한 의사소
통, 탁월한 협상 능력이 필수야. 연
예 관련 매체에 대한 이해도 필
요하지. 그리고 가장 중요한 건
연예인의 일정에 따라 근
무해야 하니까 건강한 체
력을 꼭 갖춰야 해. 대학교
에 매니저먼트과가 있는 건 알
지? 그만큼 전문 직업인이야. 물
론 꼭 관련학과를 갈 필요는 없
어. 다만 이렇게 관련 학과에 진학해 매니저 영역에서
자신만의 전문 분야를 갖는 것도 괜찮다고 생각해.

> 한류 열풍으로
> 규모가 커지면서
> 관련 업무의
> 전문성 요구

K-POP

영화

드라마

✧ 연예인 매니저가 되려면

매니저의 취업 요건과 고용 조건은 회사마다 다소 차이가 있어. 다른 직업도 마찬가지
이지만 연예 산업 쪽은 좀 더 심해. 그래서 정확한 정보를 얻으려면 발품을 팔아야 돼.
공식적으로는 엔터테인먼트사, 기획사 등의 특채나 공채에 지원하는 방법이 있어. 그
러나 연예 산업의 특수성상 개인적 소개로 들어가는 경우가 많아. K-팝, 드라마, 영화

등 한류 열풍으로 산업의 규모가 커지면서 앞으로 연예 산업은 더욱 전문적인 산업이 될 거야. 전망을 이야기하자면 연예기획 관련 업무에 전문성을 갖춘 인력이 더 크게 요구되고 고용이 늘어날 거라는 얘기지.

☼ 연예인 매니저 잡(job) 정보를 정리하면

연예인 매니저의 역할은 밖에서 보는 게 전부가 아냐. 연예인의 활동을 위한 스케줄 관리, 운전은 기본이고 그 외에 연예인 관리, 연예인 계약 관련 법, 연예 기획 및 제작 실무와 프로듀싱 및 회계, 마케팅 등 전문 영역이 진짜 연예 매니지먼트의 세계야. 물론 처음엔 연예인의 스케줄을 보조하는 로드 매니저로 시작해서 배우는 기회를 가질 수 있어. 그리고 경력과 능력을 쌓아 치프 매니저가 되고, 더 나아가 제작 매니저로 자리 잡을 수 있지. 임금은 평균 연봉에 가깝지만 워크맨은 사실 일당으로 일해서 잘 몰라. 솔직하지? 하루 알바였지만 좋아하는 연예인을 곁에서 보며 함께 성장할 수 있다는 것만으로도 매력적인 거 같아.

✿ 관련학과

◆ 연예매니지먼트과

매니지먼트 기획사의 다양한 업무와 연예인의 일정 관리, 출연료 협상 등 매니저 업무를 배우는 학과입니다. 문화 산업 전반에 대한 이해를 바탕으로 인재 발굴, 양성, 관리, 스타 마케팅 부문을 체계적이고 전문적으로 교육해 국내 엔터테인먼트 산업의 수준을 높이고, 전문 매니저 및 전략가를 양성하는 것을 교육 목표로 합니다.

한류 열풍에 따라 해외에 진출하는 연예인이 늘어나면서 매니지먼트사가 대형화되고 경쟁이 치열해지는 것에 발맞춰 이를 체계적으로 관리하는 전문 인력에 대한 수요가 늘어나는 추세라 향후 전망은 밝은 편입니다.

관련 직업으로는 공연 기획자, 문화 콘텐츠 개발자, 제작자, 연예인 매니저, 캐스팅 디렉터가 있으며, 기획사나 엔터테인먼트 회사, 방송사 및 외주 제작사, 미디어 관련 회사에 취업할 수 있습니다. 또한 한국문화예술위원회, 문화예술 관련 공공기관 등 정부 및 공공기관에 진출할 수 있습니다.

_진로정보망커리어넷 제공

연예인 매니저

요리 스킬 만렙을 찍을 수 있는

☆ ☆ ☆ ☆

PC방

★ ★ ★ ★

파 송송

계란 탁

해물 라면 완성!

다음은 치킨마요, 핫도그, 체리코크…

후룩

대체 무슨 알바 잡았는데 아침 댓바람부터 요리 연습을 왜 하는 거야?

이번 알바는 바로…

삐질

구독자들의 열화 같은 성원에 힘입어 PC방 알바입니다.

PC방 개꿀잼 아냐? 시간 나면 게임도 하고 잠도 자고…

PM 7:40 출근

잠깐, PC방이니까

하던 캐릭터 레벨업 좀 해야겠군.

위이잉

그럼 오랜만에 손 좀 풀…!

안녕하세요.
선배님들~

네... 아,
안녕하세요!

우선 주문 받은 것부터
손님에게 갖다주세요.

며,
몇 번이라고요?

187번 웰치스

228번 라면

212번
아이스크림

이때라도 탈출했어야 했다.

어우,
좌석이 너무
많아서
못 찾겠다.

이럴 땐…

라면 지옥이라고 들어봤는지…

(짬뽕 라면)

(해물)

(파&고추)

(불맛기름 5g)

끓여주면
완성!

(물)

진정한 라면 맛집은 PC방이었던 것이다.

저것들은 용서할 수 없지.

(촵) (촵)

핫소스 +1
칠리소스 +1
마라쏘스 +1
청양고추 소스 +1

어디 맛 좀 봐라.

손님, 서비스입니다.

여기 알바 괜찮네.

나갈 때 사장님께 칭찬 많이 해줄게요.

(작가)

(카메라맨)

(PD)

그 후로도

원액 약간, 얼음 많이~

다음은··

그리고 콜라 넣으면 완성.

그다음은'''

아아 커피 조금, 얼음 많이

잠깐! 난 음식점이 아니라 PC방 알바라고!

으아아아악

PC방 일을 하고 싶다.

장성규 씨 지금 시간 되죠?

뭔가 PC방 알바스런 일을 해야 해!

스윽

PC 고칠까요? 소프트웨어 업그레이드? 게임 시연? 손님 상담…

걸레

(척)

그 열의로 받아요.

PM 9:20 청소

의자 정위치 ☑
마우스 청소 ☑
키보드 청소 ☑

청소는 먼저 의자를 정위치시키고, 마우스 청소, 키보드를 청소하는 것으로…

쓰윽

스윽 슥

바바 바박

탕
탕
탕

250개 좌석을
모두 이렇게
닦아야 해요.

헐!

파파팟

청소의 신을 보았다.

(깜놀)

250개를
전부 다?!

(기승전꼼수)

컴퓨터 250대를
청소해야 퇴근
한다는 거지?

꿀
꺽

서둘러야겠군.

찌
릿

\ 윽…! /

4개째 청소.
이젠 251개
남았어.

하아…
청소는
됐고…

음료수 채워
넣으세요.

냉장고에 넣을 때는
선입선출.

오!

TIP 선입선출 : 먼저 보관된
음료 우선 판매

선입선출.
즉 선배가 넣고
선배가 꺼낸다는
솔선수범?

뭐래?!

신세계를 맛보았다.

X구리가 카레랑 이렇게 어울릴 줄 몰랐네.

맛있게 먹었으면~

0 칼로리?

노~~

설거지는 막내가~

수
북

•••

★ ★ ★ PC방

'세상 모든 직업들에 대해서 알려주겠다'는 신념으로 선넘규 워크맨 장성규가 이번에 체험한 직업은 PC방 알바.

✿ PC방 알바는 어떤 일이야?

게임이 안 돼요. 스피커가 안 들려요. 모니터가 안 나와요. 프린터가 안 나와요. 마우스가 안 움직여요. 키보드가 안 먹혀요. 이런 소리에 컴퓨터 관련 전공자라면 구미가 당기는 PC방 알바.

PC방 알바라고 우습게 보면 큰코 다칠걸.

그러나 PC방 알바가 가장 많이 듣는 말은 바로!
여기 라면요. 여긴 짜장 라면, 음료수요.
PC방을 찾는 고객들의 니즈에 맞춰 음식을 조리하고 서빙하고 설거지하는 것이 진짜 업무. 지금은 관리자 컴퓨터 화면의 주문에 맞춰서 라면을 끓이고, 짜장 라면을 끓이고, 짬뽕 라면을 끓이고, 핫도그를 데우고, 음료수를 갖다 주고, 특선 메뉴를 만들어야 해. 즉 PC방 알바는 카운터에 앉아 계산이나 하며 시간 날 때 게임할 수 있는 꿀 빠는 알바가 아니라는 거지.

✿ 24시간 PC방 알바는 자격이 있다고?

미성년자는 PC방 알바에 지원할 수 없어. 손님 역시 밤 10시가 되면 "청소년은 이용할 수 없습니다"란 방송 멘트와 함께 신분증이 없으면 나가야 해. 롤이건 베그든 아무리 미션 중이라도 바로 게임 아웃이라는 거야.

✿ PC방 알바의 진짜 업무는

◆ 요금 정산: 선불이든 후불이든 정확한 계산은 필수. 잘못하면 내 지갑에서 꺼내 채워야 하는 설움.

◆ 청소: 매장 전반 청소 및 자리가 빌 경우 청소
◆ 손님 관리: 먹튀 손님 감시, 흡연자 감시, 애정 행각 감시
◆ 손님 응대: 음식 조리, 서빙, 설거지 등

PC방 알바의 요령도 다른 알바와 그리 다르지 않아. 숙련도에 따라 일의 양은 변함없지만 시간이 단축되는 건 세상만사 이치. 그러니 선임 알바에게 일을 빨리 배우도록 해. 시간이 남으면 간단한 웹 서핑 등 여유도 챙길 수 있어. 그러나 웬만한 PC방 알바 고인물이 아니면 게임을 할 수 있을 거란 기대는 접어. 알잖아. 아무리 알바라도 남의 돈 버는 게 쉬운 건 아니야.

PC방의 시간대별 근무 요령은

PC방 알바는 24시간이라 시간대 업무가 다른 것이 다른 알바와 차이점이야. 오전부터 낮 시간, 오후부터 저녁 시간, 저녁부터 새벽 시간으로 좀 더 편하고, 좀 더 바쁘고 그렇대. 어느 시간대가 편한지는 복불복이지.

오전부터 낮 시간은 잘못 걸리면 초딩 러시에 시달려야 해. 오후부터 저녁 시간은 학생들과 성인 손님으로 바쁘지만 시달리진 않아. 저녁부터 새벽 시간은 밤 10시에 학생들을 강퇴시켜야 하는 큰 미션을 끝내고 새벽쯤 되면 편해져. 물론 노숙 손님과 먹튀 손님 관리가 중요한 시간대이고, 매장 대청소를 해야 해.

☼ PC방 알바의 장점을 굳이 꼽자면

특별히 주문한 음식을 만들어서 갖다 주는 거 외에 힘든 게 없어. 그래서 백퍼 최저임금. 그렇지만 실상은 청소에 계산에 주문에 눈코 뜰 새 없이 바빠. 그래서 업무 요령을 익히는 게 중요해. 가령 어려운 메뉴는 재료가 없다고 패스하고, 청소는 좌석 4~5개를 묶어서 하면 낫지. 물론 그러다 잘리면 운발이야.

☼ PC방 알바의 단점을 하나만 고른다면

진상 손님이지. 특히 무개념 흡연자들. 아무리 벌금을 내야 한다, 흡연실을 이용해야 한다, 건물 내 흡연이 안 된다고 해도 막무가내야. 이럴 땐 사장님에게 떠넘겨. 알바가 손님과 싸워 이기면 잘린다는 건 업계 정설이잖아. 그 외에 어디나 존재하는 진상이 있지. 라면이 식었다, 음식이 짜다, 자리가 더럽다, 냄새 난다 등등.

☼ PC방 알바 잡(job) 정보를 정리하면

PC방에 손님으로 왔을 때는 알바가 그렇게 편해 보였지? 카운터에 마냥 앉아 웹 서핑하다 게임도 할 수 있을 거 같고. 하지만 나름 힘든 직업이야. 꼭 근로계약서를 작성하고, 주휴수당, 퇴직금을 챙겨 받을 수 있게 근무 관련 자료는 철저히 보관해놔야 해. 그리고 PC방 주변 시설이 어떤지, 학교가 있는지 등에 따라 근무 환경이 천차만별이야.

더욱 슬픈 건 예전엔 그나마 쉽게 구할 수 있는 알바 중 하나였는데, 지금은 무인관제 시스템 PC방이 생기면서 자리가 귀해졌다는 거. 젠장, 더러운 AI 세상. 흑흑.

✿ 관련 직업

◆ 컴퓨터 프로그래머

말은 많이 들었지만 실제로 뭘 하는지 모르는 컴퓨터 프로그래머의 세상. 컴퓨터 프로그래머는 프로그램 개발을 하는 직업입니다. 보편적으로 어떤 프로그램을 왜, 누구를 대상으로 만들 것인지 기획하는 단계, 기획 단계에서 결정된 사항을 토대로 어떻게 프로그래밍할 것인지 설계하는 단계, 실제로 개발하는 단계, 오류 방지를 위해 테스트를 거치는 단계로 업무가 진행됩니다. 컴퓨터 프로그래머는 보통 팀으로 업무를 수행하기 때문에 작업 시 팀워크가 매우 중요합니다. 그래서 실력도 실력이지만 사람들과 협업할 수 있는 능력이 매우 중요합니다.

_진로정보망커리어넷 제공

게드립 생선드립 다 모아 올인하는

수산물 시장

이번 알바는?

◇고갈광우조오장 : 고등어, 갈치, 광어, 우럭, 조기, 오징어, 장어.

사인 한 장으로 되겠어요?
여기 가게 쫘악 돌리려면 한
100장 정도 필요하지 않나?

일단 가격부터
외우시고요.

기억하시겠어요?

킹크랩 5만 5000원
가재가 4만 5000원
살아 있는 새우
2만 5000원
전어 2만 5000원

뭐 이쯤이야
나 아나운서
출신이야 ~

유퀴즈?

(사실 경제학과)

그럼 문제 내겠습니다.
새우 500g+꽃게 1kg+킹크랩
2kg 1개면 얼마일까요?

주르륵

제, 제가 문과 출신이라서…
흑흑…

오! 이건 쓰바시바 러시아 대게잖아.

제가 이 일만
30년 해서…

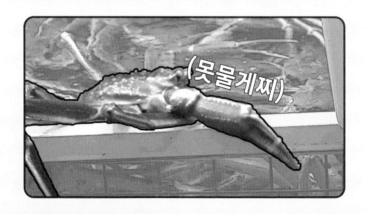

(이간질 시도)

업무 스트레스 푸는데 사장님 뒷담화가 최고인 거 알죠?

사장님… 뒷담…이요?

아, 그런데… 사장님이 아버지라서…

플렉스
(사장 아들)

으, 눈부셔.

(패드립 패드림)

그래도 싫은 건 있을 거 아냐? 유산 분배라든지…

(협박)

좌천   (수산물 관리)

이 가격인데 발길을 돌릴 수 있을까?

특별히 대자 광어를 서비스로…

노마진

(님…)

(사장)

욱…

좌천22

포장 도와 드리겠습니다.

(싱)

(싱)

어우, 애들 싱싱한 거 봐.

수산시장과 떼려야 뗄 수 없는 관계인 얼음을 옮겨봅시다.

알아두면 쓸데있는 신박한 수산물 시장 사전

(손님)
어떻게 알아요?

제가 아까
다 확인했죠.
다 열어봤죠.

(게별확인?)

수고하셨습니다.

아쉽네요.

게가 배가 꽉 차
있습니다.

TIP 속이 꽉 찬 게는
아이보리색

시간만 더
있었으면 반값
행사로 완판
가능했는데…

I 님 안녕~I

쌔앵

일당을 봐야겠지.

쓰윽

수산시장 정산
50,000원
÷ 5시간
시급 10,000원

수산물 시장

'세상 모든 직업들에 대해 알려주겠다'는 신념으로 선넘규 워크맨 장성규가 이번에 체험한 직업은 수산물 시장 알바.

수산물 시장 알바는 어떤 일을 하는 거야?

수산물 시장답게 게 드립, 생선 드립 다 모아 해양수산물 천국인 수산물 시장 알바를 알려줄게. 활어가 들어오면 받아서 가게 매장에 진열하고 손님에게 판매하는 일이야. 별거 없어 보이지? 그래, 맞아. 다만 활어를 전시하고, 생선 가격을 외우고, 진상 손님 상대하고, 간간이 얼음 포대 나르는 정도. 별거 없어. 활어 무게 장난 아니고, 생선 종류 엄청난 데다, 가격이 천차만별이고, 얼음 포대 무게 장난 아니라는 것만 빼면 정말 별거 없어. 정말로. 흑흑.

수산물 시장 알바는 CEO의 첫발

수산물 시장 알바를 하면서 부지런 떨면 많은 것을 배울 수 있어. 손님 접대와 응대, 그리고 가격 흥정 기술까지. 수산물 시장에 오는 손님들은 어디서 무슨 소문을 들었는지 무조건 깎고, 무조건 서비스를 달라고 하고, 무조건 무게를 의심하고, 무조건 원산지를 의심해. 유명한 노래마냥 무조건 무조건이야~ 그래서 손님 상대하는 노하우를 배울 수 있어. 그리고 바다에서 나오는 먹을 수 있는 모든 종류의 어류를 알게 돼. 우리나라 연안에서 잡히는 생선뿐만 아니라 저 위 러시아부터 저 아래 동남아, 그리고 저 멀리 유럽, 아프리카의 어종까지. 게다가 생선 무게쯤은 저울 없이 한눈에 가늠하는 능력도 획득하게 되지. 뿐만 아니라 생선 손질부터 회 뜨는 것까지 배울 수 있어. 알바라고 생각하면 힘들지만 자기의 꿈을 생선 가게, 횟집, 생선 도매, 경매사로 정했다면 해볼 만하다고 생각해.

✿ 수산물 시장 알바가 하는 일은

우선 출근해서 작업복으로 갈아입고, 어항의 죽은 고기들 꺼내고, 시세에 따라 가격표 조정하고, 새벽부터 찾아온 손님 접대하고, 활어차 오면 물고기 받아 오고, 다시 손님 접대하고, 어항 청소하고, 다시 손님 접대하고, 생선 손질해서 포장하고, 횟감 챙겨 주고, 얼음 받아 오고, 손님 접대하는 게 수산물 시장 알바가 하는 일이야. 앞 문장 보면 뭐가 중요한지 알겠지? 바로 손님 접대야. 시장이라서 청소를 하든 얼음을 채워 넣든 손님맞이가 제일 우선이야. 그건 말 그대로 정해진 쉬는 시간이 없다는 뜻이지. 게다가 점심시간도 짧아. 그나마 손님이 오면 식은 밥 먹는 게 일상이야. 그렇다고 다 안 좋은 건 아냐. 얼음 나르는 일만 빼곤 그렇게 힘든 일은 없는 게 수산물 시장 알바야.

✿ 수산물 시장 알바만의 장점

혹시 꿈이 횟집 사장님이거나 수산물 관련 업종에 관심이 있다면 알바 경험이 큰 도움이 되는 건 분명해. 일단 생선 이름은 전문가가 되고, 신선도도 알게 되고, 시세도 알게 돼. 나중에 수산시장과 관련 없는 일을 하더라도 횟감 사러 올 때 상인 앞에서 당당하게 딜할 수 있어.

✿ 수산물 시장 알바의 단점

세상에 안 힘든 일은 없다. 이게 나 워크맨 장성규의 팩폭. 알바라서 그런지 손님이 많으면 힘들어서 짜증. 그런데 시장이라 다른 가게로 손님이 가도 짜증. 손님이 안 와서 쉬고 있어도 짜증. 판매해야 하는 가게라서 하루 매상에 따라 사장님과 공감하게 돼.

✿ 생각보다 다양한 수산물 관련 직업의 세계

◆ 수산물 품질관리사

국가공인자격증으로 양질의 수산물의 생산과 유통을 위해 안전성 평가 및 검사를 하는 직업입니다.

◆ 수산양식기사

어류나 해조류의 번식력과 생장력을 높일 수 있게 연구하는 전문 인력입니다.

그 외에 수산물 경매사, 어업활동조사원, 바다 해설사, 수산질병관리사가 있습니다.

회, 실컷 먹을 줄 알았더니...

✿ 관련학과

◆ 수산학과

물속에서 생산되는 자원인 수산물을 채취, 양식, 가공하는 수산업을 연구하는 학과입니다. 수산물과 해양 자원의 개발, 보존, 관리, 이용에 관한 전문성 있는 인재를 양성하는 것을 목표로 합니다. 삼면이 바다인 우리나라는 수산 자원의 효율적인 이용이 중요해 지속적으로 관심을 받아온 학과입니다.

해저 환경과 수산물에 대한 호기심과 관심을 지닌 사람에게 추천할 만합니다. 생물을 끊임없이 연구하는 자세가 필요하며, 생명 과목에 대한 기초 소양이 필요합니다. 실험과 실습을 진행해야 하므로 수산물에 거부감이 없으면 도움이 됩니다.

관련 직업으로는 수산양식전문가, 수산업 CEO, 수산질병관리사, 아쿠아리스트가 있으며 졸업 후에는 해양바이오 기업, 원양업체, 수산업협동조합, 양식 회사 등으로 진출합니다. 수산해양 관련 연구원의 연구기관 및 해양수산부, 해양환경공단 등 해양 관련 공공기관에서 일할 수도 있습니다.

_진로정보망커리어넷 제공

수산물 시장

국민의 뜻을 받들어 나라를 움직여 보좌!

☆ ☆ ☆ ☆

국회 보좌진

★ ★ ★ ★

할 때까지 간다.

세상을 움직이는 사람들

국회의원 보좌진 체험…!

떨리는 건 기분 탓이겠지….

(저세상) 자세 마음가짐으로

세상 비장하게….

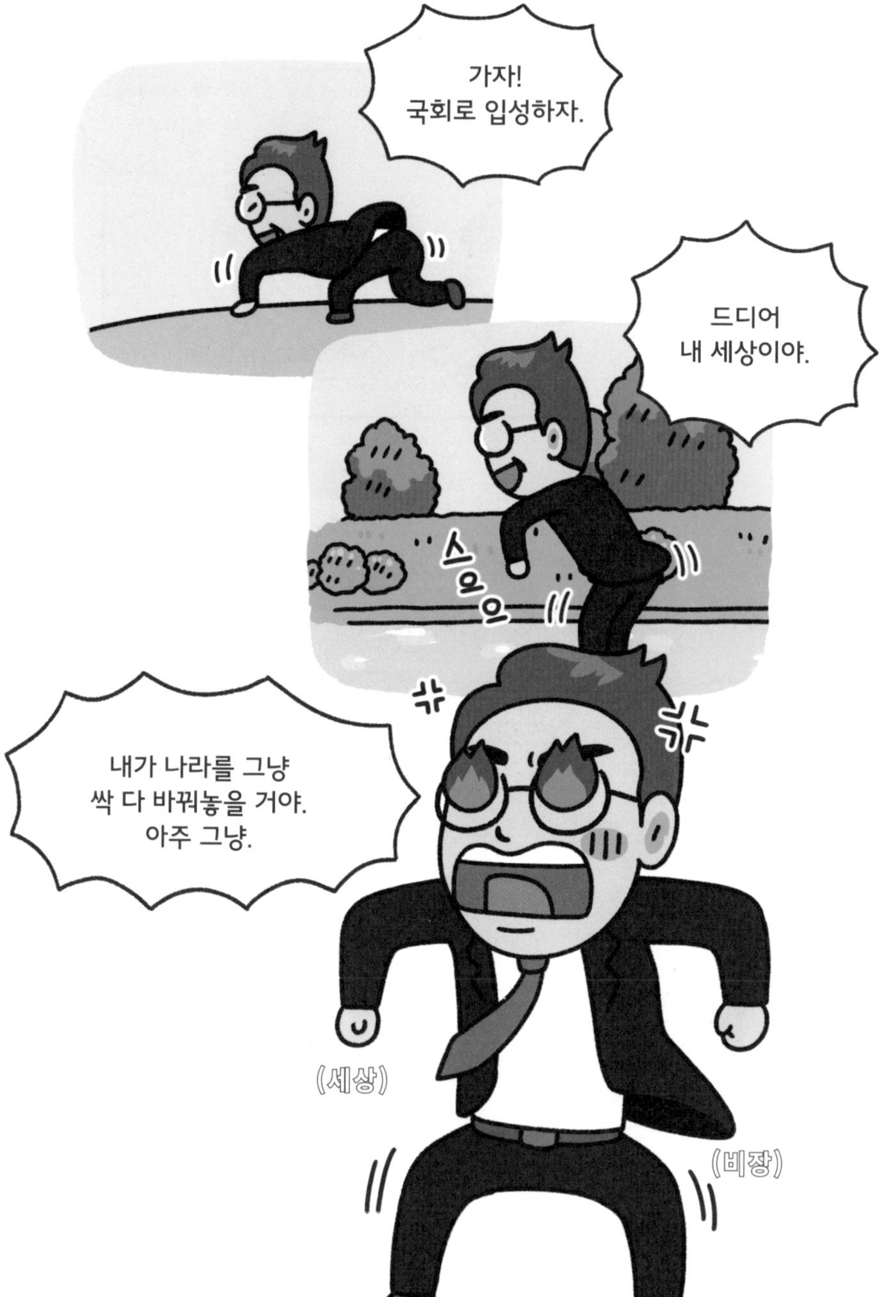

드디어 국회 입성

사회생활의 기본은 역시 명함 돌리기

법안 아이디어를 위한 자료 조사는 기본이지.

PM 3:00 법안 회의

회의실에서 의원님과 보좌관 둘만의 회의라~ 설레는데.

TIP 1명의 의원당 9명(인턴 포함)의 보좌진 채용 가능

헐! 인원 쩌네~

드루와~ 드루와~

제가 좀 멀리 떨어져 앉으면 안 될까요?

(직딩 공감)

이미 떨어져 앉았지만 더 격하게 떨어져 앉고 싶다.

그럼 워크맨 장 비서의 굿 아이디어를 들어볼까?

H 의원

(어) (디) (보) (자)

워크맨의 짬밥을 무시하지 말라고.

씨익

청년 구직 활동 지원금, 모태 솔로 지원법, 청년 탈모 방지법, 대학 등록금 반값…

가장 법안 요청이 많았던 건 국회의원 월급 삭감!

그거는… 그전부터 제가 쭈욱 이야기했던 거예요.
우리 사회가 10 대 90 사회예요.
연봉 상위 10%의 수익이 압도적으로 높아요…
소득 격차가 커서…

그, 그러니깐
법안을
어떻게…

그 격차를 줄이는 방법 중 하나가 상위 10%에
해당하는 고소득자들이 자신의 소득 중 10%를
하위 90%에게 양보해서 소득을 함께 나누면 어떨까?
그리고 이런 게… 그러니까…. 그러므로… 그래서…

이어지는 법안 회의….

청년들의 주된 관심사 중 하나는 연애입니다.

모태솔로 청년들에게 분기별 소개팅 1회씩… 기준은 노키스로…

그리고 실제로 커플이 되면 데이트 지원금을 주는 겁니다.

H 의원실 업무 끝~

다음 의원실로 고고!

(탈당)

(입당)

그치.
이 정도는
우리가
배려해야지.

형 가시기 전에
넥타이…

PM 4:00 더불어민주당 (L 의원실)

어머.
기다렸어요.

바, 바로요?

TIP 국회의원 입법 권한 : 국민 생활에
필요한 법을 제정하고 내용 수정 가능

한국수화언어법
일부 개정 법률안을
대표 발의하는데…

탁!

법안 발의 이제 실무다.

다음 의원실로 이동~

마지막 단계를 위해 본청으로 고고~

나라 지키는 일도 식후경이지 (아님)

이 정도 단점은 어느 직업에나… (아님)

이젠 더불어민주당 탈당하고 정의당 가즈아~

친구야! 후배야!

J 의원

P 의원

우리 편집하면 안돼!

안녕하십니까. 정당이직러 장성규입니다.

꾸벅

철새보좌관 (프로정당이직러)

또 다른 업무, 대담 준비

헤디 프라이… 아니 프라이 의원님은 본인의 가장 큰 무기가 뭐라고 생각…

(질문작성)

(열심)

그건 의원님 입장이고 여기 보좌관님들 위해 다선부터 그렇죠?

\좋은데요 /

이 외에 각 분야별 전문가로서 정책에 따라 이적 가능하고 국회 전용 예식장 이용은 할인 가능!

국회 보좌진 업무도 이걸로 끝! 정산 타임!

기본 시급이네. ㅋㅋㅋ

국회 보좌진 정산
60,130원
÷ 7시간
시급 **8,590원**

다음에는 대통… (아님) 끝.

국회 보좌진

'세상 모든 직업들에 대해 알려주겠다'는 신념으로 선넘규 워크맨 장성규가 이번에 체험한 직업은 국회 보좌진 알바.

🔹 국회 보좌진이란 어떤 직업?

국회 보좌진을 구할 때는 국회 사이트에 공고가 떠! 관심이 있다면 광클릭!

국회에서 법을 제정하는 것을 보좌하기도 하지만 사실 그것보다는 별정직 공무원이 되어 세금으로 월급을 받는 거라 보좌진이 되는 건 까다로워. 보좌진 양성 교육 과정을 통해 실무 역량을 배워 인턴을 거쳐 국회 보좌진이 될 수 있어. 하지만 대부분 공개 채용 대신 국회의원의 지명으로 보좌관이 되어 의정 활동을 하게 되는 게 일반적이야. 사실 나 워크맨 장성규가 일해보긴 했지만 알바로 국회 보좌진을 하긴 힘들지. 하루 동안, 그것도 3당의 보좌관을 할 수 있었던 것은 말 그대로 워크맨으로서 잡(job) 정보를 알려주기 위해 가능했던 거 알지? 이 글 읽는 사람들 다들 성인이잖아.

🔹 국회 보좌진의 업무

국회의원 1명당 7명의 보좌진이 있어. 그리고 인턴으로 2명 추가 고용할 수 있어. 별정직 공무원인 보좌관의 업무는 국회 고유 업무와 의원의 선거 등 지역 관련 업무로 크게 나눌 수 있어.

> 국회 의원 1명당 7명의 보좌진

> 인턴으로 2명 추가 고용 가능

국회 고유 업무는 국회의원의 국회 활동을 보조하는 것으로 상임위원회, 국정감사 및 예결 심사, 인사 청문회 등의 의정 활동에 맞춰 질의서, 대정부 질문 원고, 법 입안과 제안 설명서, 보도 자료 등을 준비하는 거야. 그냥 다하면 돼. 물론 보좌관으로서 성장하고 더 큰 꿈이 있다면 보람되겠지만 무척 고된 일이라고 이야기해주고 싶어.

선거 등 지역 관련 업무는 유인물 작성, 일정 관리, 인터뷰 응대, 여론조사 관련 업무, 선거 용품 제작 등 선거 관련 일은 다 하는 거야. 그냥 다 하면 돼. 지역 관련 업무는 지역구 관리로 민원 해결, 지역 주민들 관련 홍보 업무, 의정 보고서 제작 발송, 지역 행

유인물 작성

일정 관리

인터뷰 응대

여론조사 업무

선거용품 제작

사 챙기기 등 지역 관련 일 역시 모두 하는 거야. 그냥 다.

그나마 다행인 것은 혼자가 아니라 보좌관들끼리 나눠서 한다는 거지. 물론 여기서도 직급에 따라서 업무 부하가 걸릴 수 있어. 그거야 보좌관만의 문제가 아니잖아. ㅠㅠ

국회 보좌관의 장단점

의원이 인사권자이므로 상황에 따라 실직 가능성이 항상 존재해. 평균 4년 정도 재직 하지만 직업의 불안정성이 단점이라고 할 수 있지. 그런데 보좌관 경력에 따라 청와 대, 장관 보좌관 산하단체로 스카우트될 수 있다는 것이 큰 장점이야. 의원 출마도 하 니깐. 혜택은 국회의 다양한 시설(식당, 병원)을 이용할 수 있다는 것 정도.

보좌관 잡(job) 정보를 정리하면

법, 정치, 외교, 행정, 경영 등 관련 학과 출신이 많아. 정책 입안과 입법 활동을 위한 자료를 찾고 문서 작성을 위해 전문적인 석박사도 많지. 하지만 민생 전 분야를 다루 는 국회상임위원회에서 활동하는 의원을 보좌하기 위해서는 팔방미인이 되어야 하는 것 같아. 특정 분야의 전문성과 함께 성실성과 정직성, 인내와 도전 정신을 갖췄다면 도전해볼 만한 직업이야. 보좌관은 국회 홈페이지 의원 활동 게시판 채용란을 보면 의 원실마다 상시 채용하고 있어.

워크맨 WORKMAN

맑고 푸른 바다에서 고생 입水

☆ ☆ ☆ ☆

해녀 체험

★ ★ ★ ★

오늘은 그토록 바라던 바-다!

해녀의 물질을 직접 체험할 수 있게 도와주는 이색 체험!

AM 9:00 출근길

제주바다 알러view !

다다 다다

여기가 오늘 잡(job) 체험할 곳이야.

해녀 체험!

(제주 바다 알러view)

역시 제주도네.

해
녀
체
험

193

해녀 체험 학교 도착!

◇'빨리빨리 어서 오세요.'라는 뜻의 제주 방언

이건 꿈일 거야.

으윽….

해녀들을 만나고 싶다고!

해녀 체험

이번 잡(job)은 해녀 체험을 돕는 강사!

물에 들어가기 전 사전 교육

AM 9:00 사전 교육

해녀 체험 참가자들을 대상으로 브리핑하는데…

브리핑 업무

해녀 해녀 해녀 해녀 해녀 해녀~

성게와 해파리를 주의하라고 말씀해주시고.

네네~

주의사항 고지

(유독주의)

네, 맞습니다.

독이 있죠?

주의 사항도 듣고, 포획 어종에 대한 팁도 전수받는다.

문어와 뿔소라를 잡을 수 있게 도우면 됩니다.

주 포획 어종 안내

강사 편하네.

황금 뿔소라 숨기기 전 막간 테水트

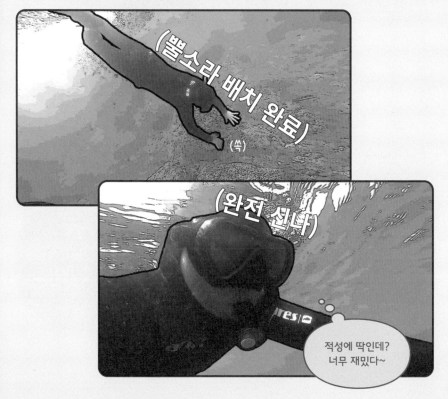

???

자연산 돌문어 한 마리쯤은 다들 잡는 거죠~

a few moments

슈트 가격이 비싸니
관리를 잘해야 해요.

제가 입은 게
50만 원.

플렉스

제 건?

십몇만 원짜리도
있어요.

7만 원 짜리
드릴 거예요,
오늘.

도시해녀

죽는 거
아니에요?!

해녀 체험하러 온 가족들에게 브리핑 업무

손님들이 잠수복을 갈아입도록 돕는다.

다리 기이일게 찍어드릴게요~

(찍었지long)

TIP 해녀 체험하기 전 기념사진 촬영 서비스 제공

원하는 느낌 말씀하시면 뽀샵 가능합니다.

원하는 거 다 들어 드립니다.

날씬 하게~

눈 크게 얼굴 갸름하게~

다리 길게~

클릭 클릭

원하는 대로. 굿!

님 원하는 대로 알바 로그아웃!

☆★본격 체험水타트☆★

강사가 보였는데 안 보였습니다.

이 알바 내 스탈~

두 두

테왁이
떠내려가고
있어요.
가져오세요~

왜 저기까지 갔어
테왁 저 이 씨…

(테왁셔틀)

(테왁일병구하기)

형
수업 진행
잘했어요?

그래, 피곤해.
집에 가자, 이제.

단순한 알바가 아닌 리뷰니까.

워크맨으로서
잡(job) 정보를 얻으려면
인터뷰를 해야겠지?

점심 땐
무조건 생선이겠죠?

문어 라면!

다금바리 회!

성게 비빔밥!

우럭 매운탕!

멍게!

평소엔 ××버거 먹어요.
배달도 시키고.

(취향존중)

ㅋㅋㅋㅋㅋㅋㅋㅋ
사장님 버거
좋아하시는구나.

강사의 경우,
다이빙 관련 자격증이 필수죠.
전 직원에게 숙식을 제공해서
가족같이 일하죠.

해녀 체험 강사,
아무나 할 수 있는 일은
아니네요.

힘든 점도
있어요.
더 할 수 있다고
구역 안 지키는
분들 오시면
좀 불편하죠.

그사이 문어 라면 완성!

(유혹)

(유혹)

(유혹)

라면 냄새
미쳤다.

(대만족)

음~
너무 맛있다~

배부르고 등 따시… 아니, 차갑…

아, 배부르니깐
이 알바도 할 만하네.

3시 타임
손님 받으러
가시죠.

밥 먹자마자
일하려니 토할 거 같아.

그래도 바다는
좋아!

TIP 참가자들의 어종 포획을 도와주는 것도 업무의 일부

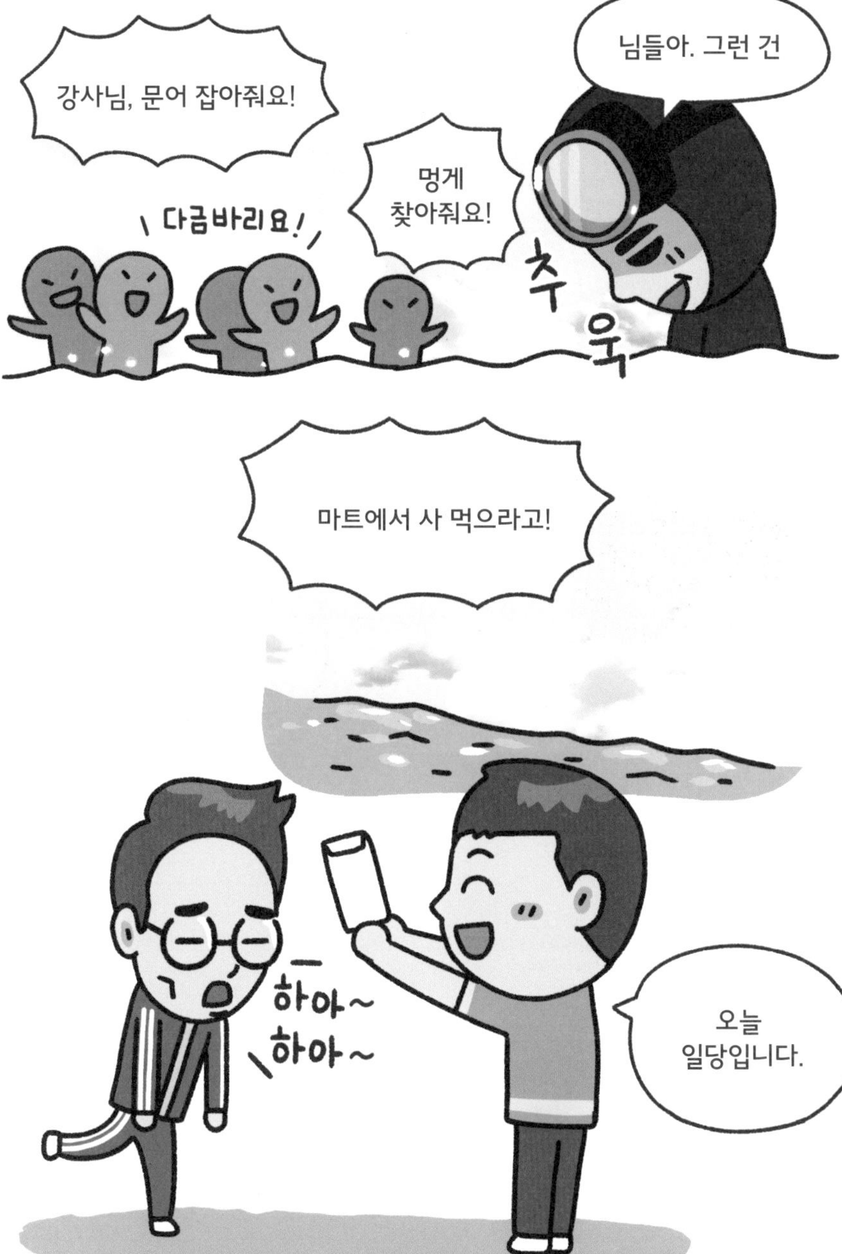

최저시급이네?

해녀 체험 정산

60,130원

÷ 7시간

시급 8,590원

최저 시급이지만
문어 라면 먹었으니깐
만족해.

제주도에 와서 일하니까
일하면서도 행복하더라고.

알바의 목적을 되새겨보게 되었다.

해녀 체험

'세상 모든 직업들에 대해 알려주겠다'는 신념으로 선넘규 워크맨 장성규가 이번에 체험한 직업은 해녀 체험 알바.

해녀 체험 학교는 뭐고? 알바는 또 뭐야?

바닷속 보물, 해물! 해녀, 아, 아니 해남이 되어 인생역전을 꿈꾼다. 그렇다고 풍덩 바닷속으로 들어가 캔다면? 불법 조업뿐만 아니라 꼬르르 수장되기 쉽지. 그래서 먼저 체험해보는 것이 해녀 체험이야. 말 그대로 체험을 통해 해녀가 될 수 있냐 없냐를 가늠해보는 거야. 그렇지만 대부분 해녀 체험 학교에 오는 사람들은 여가 활동이 목적이고, 그 여가 활동을 보좌하는 것이 해녀 체험 학교 알바야.

해녀 체험 학교 업무는

해녀 체험 교육생을 대상으로 하며, 업무는 체험 보조야. 잠수도 가르쳐주고, 체험객들 사진도 찍어주면서 점심엔 갓 잡은 해산물로 요리도 해먹고, 여유 있을 땐 좋아하는 해수욕도 할 수 있지.

하지만 빛이 있으면 어둠이 있는 법. 장비 씻기, 말리기, 장비 닦기는 기본이고, 체험객들을 위한 이벤트 준비하기, 잠수 시범을 보이다 보면 탈진. 해녀의 꿈은 물론 바다라면 진저리 치게 될 수 있어. 게다가 체험 온 커플은 왜 이리 많은지. 커플 지옥, 솔로 천국.

장비 씻기, 말리기, 할 일이 많비.

해녀/해남이 되려면

해녀 양성 과정 수료-인턴 해녀-어촌계 및 수협 조합원 가입-해녀증(제주도)

해녀나 해남이 되는 것은 생각보다 까다로워. 그냥 물속에 풍덩해서 해산물을 캤다가는 큰코 닥쳐. 해녀 역시 엄연한 직업이야. 주로 시작은 해녀 체험 학교 같은 양성 교육 과정을 통해 해녀에 대한 지식을 얻은 후 이주 후 정해진 가입 조건과 시간을 보내야 될 수 있어.

해녀의 장점

해녀의 수입이 궁금할 텐데, 그날그날 물질에 따라 달라. 물질 능력에 따라 해물을 캐는데, 기본 연봉으로 치면 대기업 수준이야. 그리고 짧은 물질 시간(평균 4시간)으로 워라벨과 평생직장이 보장되는 특별함이 해녀라는 직업의 장점이야.

바다는 나의 평생직장

해녀의 단점

욕심내면 죽는 게 무섭지만 모든 일이 다 그렇지 않아? 해녀 역시 직업의 특성상 잠수로 인해 잠수병, 이명, 저체온증 등 직업병에 걸릴 수 있는 극한 직업이야. 긴 잠수 후 수면 위로 떠올라 숨비소리라 불리는 숨을 내쉬는데, 그때 정신줄 놓으면 죽을 수도

해
녀
체
험

있어. 최근에는 무개념 스쿠버다이버들과의 갈등이 심해. 해녀들이 작업하는 곳은 엄연히 어업 허가권이 있는 직장이야. 해녀 역시 직장인이고. 그런데 공기 탱크를 착용한 스쿠버다이버들이 해산물을 채취하는 것은 해물의 씨를 말리는 것뿐만 아니라 남의 직장에서 분탕질하는 거라고 볼 수 있어.

_해녀들은 수산 자원 보호를 위해 공기통 조업이 금지되어 있음.

☼ 해녀 체험 알바 잡(job) 정보를 정리하면

해녀는 유네스코 인류 무형 문화유산이면서 한국 표준 직업 분류에 따른 어엿한 직업이야. 제주도, 부산, 남해, 동해에서 해산물을 채취하는 직업으로 해녀뿐만 아니라 해남도 있어. 특별한 직업과 새로운 인생을 위한 리셋을 원한다면 해녀로서 제2의 인생을 설계하는 것도 좋다고 생각해.

☼ 관련 직업(해외)

◆ 문화여가사

여가 생활을 위한 정보와 서비스를 제공해 삶의 질을 높이는 문화여가사에 대한 관심이 증가하고 있습니다. 이러한 추세에 따라 일본에서는 시간을 잘 활용할 수 있도록 여가 생활 전반에 대해 조언하고 문화 생활에 관한 유익한 정보를 제공해주는 문화여가사가 주목받고 있습니다. 문화와 여가에 관한 다양한 정보와 서비스를 제공함으로써 여가 시간을 알차게 보내는 방법을 알려주는 직업입니다. 일본 문화여가사의 자격 명칭은 여가생활개발사로 해당 자격을 취득하기 위해서는 일본레크리에이션협회가 실시하는 교육을 이수하고 자격 시험에 응시해야 합니다. 국내에서는 사회복지기관 등에 소속된 사회복지사나 사회복지 관련 경력자가 여가 생활에 대한 상담을 진행하고 있지만, 최근에는 관련 협회나 코칭 센터 등에서 라이프코치로 불리는 사람들이 여가 생활을 지도하기도 합니다. 주 5일제가 시행되고 고령화 사회가 진행됨에 따라 문화체험 활동이나 여가 활동에 대한 수요가 증가하면서 주목받는 직업입니다.

_진로정보망커리어넷 제공

해
녀
체
험

워크맨
WORKMAN

동심파괴 대참사 역대급 극한알바

☆ ☆ ☆ ☆

키즈카페

★ ★ ★ ★

장전~ 날아간다.

이건 꿈이지? 꿈일 거야. 꿈이라고 해줘. 꿈이어야 해.

아 씨(C) 경, 경찰 불러!

이번엔 재즈카… 키즈카페다.

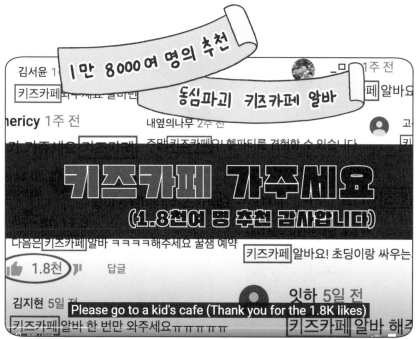

Please go to a kid's cafe (Thank you for the 1.8K likes)

오늘도 활기차게 출근한 워크맨

망언에는 망발

마음을 다잡는다.

침착해, 침착해!

아이들이 뛰어노는 곳은 보안도 철저해야 하는 법.

알바+댄스는 국룰인가.

환영합니다.

막 춤추고
계시던데
여기도 춤춰야 하나요?

제가요??
무의식이 시키는 거라서.
ㅎㅎ

장성규님,
매표소에선 한 가지를
먼저 기억하셔야 돼요.

미치는 거?

어린이 하나 나 하나

주스로 시작하는 상쾌한 알바 하지만 걸리면…

첫째도 안전, 둘째도 안전, 셋째는 방전!

업무 #2 (안전 관리)

안전 체크
요령은?

먼저 기구들을
사용해보고
문제는 없는지
고장 난 곳은 없는지
체크하는 거죠.

TIP (방방 or 퐁퐁 or 콩콩)
안전체크

그럼!

반짝

야호

방

방

와~
와와~

장성규 씨는
알바비에서
이용 요금 빼요.

네

아임 유어 파더~(아님)

불길한 예감은 언제나 틀리지 않지!

쓸고퀄 직업정신

(반사)

비행기 정비 놀이~

(정비복)

라온이는 자동차 좋아한다면서 왜 비행기랑 놀아요?

라온이 아빠랑 소꿉놀이할까?

응

이거 분위기가 이상한데…

불륜 현장 잡았다!

어쩔 수 없었다고! 사랑에 빠진 게 죄는 아니잖아!

잡았다, 요놈!!

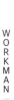

끝없는 좌천… 하지만 괜찮아. 점심시간이 있으니까.

잠깐! 점심은?
알바하는 유일한 낙이
점심인데…

가, 가지고
왔어요.

(당황)

여기가
식탁이라고요?
무릎 들어갈 데도
없는데?

(선택1)

(선택2)

점심은 식탁에서 제대로 먹어야지.

(책상다리) + (의자) + (상판)

(고오-급 테이블)

완성!!

단순한 알바가 아닌 리뷰니까.

열받게 하는 어린이들도 있지 않아요?

어우~ 당연하죠. 근데 저희는 항상 존댓말을 해야 되니까 힘들 때가 있죠.

단점도 아이들이라 말을 못 알아들어서 답답함이 있을 수 있어요.

그래서 동작이 커지고 말이 커져요.

와구

와구

말 시켜놓고 밥 먹는 워크맨 미워요!

당신은 리액션 여왕!

오늘의 정산 타임!

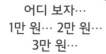

★ ★ ★ ★ 키즈카페

'세상 모든 직업들에 대해 알려주겠다'는 신념으로 선넘규 워크맨 장성규가 이번에 체험한 직업은 키즈카페 알바.

✿ 키즈카페는 어떤 곳이야?

천진난만한 아이들이 뛰어노는 곳. 다양한 놀이시설에서 해맑게 웃는 아이들이 가득한 키즈카페. 그렇게 상상했다면 키즈카페 알바는 처음이겠군. 아이들을 상대하니 만만할 거라고 생각했지? 그럼 드루와. 백만돌이 에너자이저들을 상대할 각오하고. 주말 알바 공고가 많은 키즈카페 알바. 알바 자리가 많다는 건? 그만큼 돌볼 아이들이 많다는 거.

소개는 이렇게 해도 아이들과 시간을 보내는 것을 좋아한다면 도전해볼 만한 것이 키즈카페 알바야.

✿ 키즈카페는 면접이 중요

준비된 인상을 줄 수 있게 성실한 이력서는 필수. 간단한 팁을 말하자면 기간은 무조건 6개월에서 1년 이상으로 하는 게 사업주 입장에서 구미가 당기겠지. 복장이 단정해야 된다는 건 너무 당연한 정보이니 더 이상 말 안할게.

✿ 키즈카페 알바 시간과 하는 일은

근무시간대는 종일 알바로, 오픈 후 놀이기구 점검 및 매장 청소한 후 아이들을 감시, 아니 지켜보고 있어야 해. 다치지 않게 보호하는 게 알바의 가장 중요한 일. 마감은 역시 정리 및 청소.

키즈카페 카운터는 아이들의 입장 및 퇴장 관리, 유의사항 안내, 계산 등을 하는 곳이야. 그리고 모든 알바생의 애로 사항인 고객 응대 중 불만 사항 응대를 하지. 여기서 중요한 것은 규정에 따라 설명하고 거절할 것은 거두절미하고 깔끔하게 거절하는 게 필수 요령이야. 문제가 있으면 지점장님이나 사장님에게 그냥 토스해. 알바 자리는 유리 직업이란 거 잊지 말라고.

⚙ 키즈카페의 가장 중요한 일은

매장 청소, 놀이기구 청소, 쓰레기통 청소, 테이블 청소, 장난감 청소, 바닥 청소를 나열하는 것은 아이들을 위한 키즈카페이기 때문이야. 기어 다니는 아이, 뛰는 아이, 나는 아이, 넘어지는 아이, 바닥을 핥는 아이, 뭐든 빠는 아이 등이 있어서 안전만큼 청결이 중요해. 게다가 엎지른 음식, 흘린 음료수를 치우다 보면 어느새 일당 받을 시간이 된다는 것이 키즈카페의 장점 아닌 장점.

⚙ 키즈카페에 도전하겠다는 알바를 위한 팁!

- ◆ 손님. 여기서 손님이라면 부모님이겠지. 문제 생기면 무조건 매니저 콜!
- ◆ 위생은 아무리 강조해도 지나치지 않으니 무조건 청소.
- ◆ 너무 열심히 정리하다가 뒤돌아보면 말짱 도루묵이라는 거 잊지 말 것.
- ◆ 우는 아기는 광속으로 달랠 것. 아니면 공명해서 카페 내 모든 아이들이 운다.

키즈카페

⚙ 키즈카페 알바 잡(job) 정보를 정리하면

키즈카페 알바는 적성이 가장 중요해. 아이들과 함께하면 아무리 힘들어도 괜찮다고 생각하는 사람에게 적극 추천해. 하지만 조카들 돌보는 정도라고 생각한다면 진지하게 고민해보길. 귀여운 아이들을 직접 마주한다고 생각하며 일을 시작하지만 곧 빌런으로 변한 아이들과 한바탕 난리를 치며 체력적, 정신적인 바닥을 경험할 수도 있어.

⚙ 관련 직업

♦ 보육교사

어린이집, 놀이방 등 보육 시설이나 아동 복지 시설에서 위탁아동을 교육하고 보호하는 일을 합니다. 보육교사가 되려면 대학에서 보건복지부령으로 정하는 12개 보육 관련 교과목을 35학점 이상 이수하거나 대학원이나 보육교사 교육 훈련 시설의 과정을 이수해 보육교사 자격증을 취득해야 합니다.

관련학과는 보육학과, 아동학과, 유아교육학과, 아동복지학과로 영유아의 정서 및 신체적 발달에 따른 보육 관련 사항을 배우며 보육 실습을 합니다. 다양한 형태의 교육을 실시하기 때문에 여러 예체능 분야의 소질이 필요하며 아이들을 지도하기 위한 통솔력, 의사소통 능력을 갖추는 것이 중요합니다.

_진로정보망커리어넷 제공

워크맨 WORKMAN

사장님도 비추하는 극한 정점

☆ ☆ ☆ ☆

고깃집

★ ★ ★ ★

나 워크맨 IT가이. 이젠 알바도 매칭 서비스다.

오늘도 평화로운 워크맨 월드~

가격 숙지는 고깃집 알바의 기본이지.

사회생활
리액션
베스트 3

우와.
아유.
감사합니다.

고깃집이 많이 힘들어요.
그렇지만 고기 잘 구우면 팁도
있고…

오!팁.

우와!
제가 캠핑러로서
고기 하나는 잘
굽죠.

그전에….

고깃집 영업 준비

이제 숙달이 되면 던진다 그러죠.

(휘릭~)

(터억)

(마! 이게 짬바다!)

혹시 재탄이라고 들어봤어요? 재탄.

(재탄)

(새숯)

고깃집의 점심시간은 뭐가 다를까.

매일매일이 다른 스탭밀도 복지의 하나~

오늘도 고깃집 점심시간은 평화롭습니다.

우걱
우걱

냠냠
후루룩

너, 너무 먹는 것만
집중하시는 거 아녜요?

곧 있을 전쟁을
준비하는 거죠.

냠냠

얼마나 힘들길래 이렇게 밥을…

고깃집이 생각보다
힘든 거 같은데 잡(job)
정보를 얻어야겠지?

단순한 알바가 아닌 리뷰니까~

몸으로 배운 알바~ 게임~ (feat. 에버랜드 보스몹의 추억)

너 좌천~

이 부위 2인분,
요 부위 2인분
맞으시죠?
삼겹살

좌천 22
냉장고에 칸별로
맥주를 정리하시면
돼요.
선입선출
알고
있습니다.
TIP 먼저 넣은 차가운 술을
먼저 내간다.

고기는 조금 태우는 게 진리잖아요.(아님)

알바는 얼마든지 창의적일 수 있다.

자, 잠깐
팁 한 번도 못
받았잖아.

워크맨으로서
참을 수 없지.

안 시켰는데요.

두 분이 너무
아름다우셔서
서비스입니다.

우걱
우걱

스윽

서비스 만족이시면
팁을 주셔도
괜찮습니다.

장성규 씨~

빠직

어디까지 좌천해봤니.

못 해!
더는 힘들어서 못 해!
이거 쉬는 시간도
없고, 남은 고기도
없고, 팁도 없고…

장성규 씨.

PD님
우리 이 프로그램
접자.

진짜 처음으로
다 싫었어.

고깃집

잠깐 쉬고 있었습니다.

그, 그게 아니고 오늘 하루 수고하셨다고요.

벌떡

고깃집 정산
46,000원
÷ 5시간
시급 **9,200원**

글썽…

괜찮은데.
이 정도 받으니까…

알바 채용 사이트 이용시.

아, 이렇게 추천이 되면, 내가 나중에 또 다른 데 알바할 때

...해요 신속업무

...력이 높았습니다.
...물은 별로입니다. 일은 잘 합니다 실
위와 같이 사람사는 고...
포공더점님은 장성규입...
...바입니다.
사람사는...

더 신뢰가 쌓이는 거구나!

별 로

고깃집은 정말 힘들었어.

하지만 보람도 있었어. 그리고 중요한 건 여기 맛집이더라고.

그래서 손님으로 들어가볼까 해.

(재입성)

내가 일당 쏠 테니깐 나머지는 피디가 알아서 계산하라고.

윽 ㅇㅇㅇ

점심 벌써 꺼졌거든.

고깃집

'세상 모든 직업들에 대해 알려주겠다'는 신념으로 선넘규 워크맨 장성규가 이번에 체험한 직업은 고깃집 체험 알바.

🔅 고깃집 알바 어떤가요? 쉬운가요? 안 힘든가요?

알바는 사람이 90%. 좋은 사람 만나면 하루 종일 고기 냄새에 배부르고(고기에 배부르다는 건 백퍼 거짓말), 뭐 실패하면 하루 종일 숯 연기에 일산화탄소 중독되는 것이 고깃집 알바. 고깃집 알바는 기피 대상 1호답게 시급이 높은 편이야. 왜냐하면 고기 구워주는 일을 하다 보니 고생길이 훤하거든. 새로운 손님 오면 불판 세팅, 반찬 세팅. 하지만 그건 시작에 불과해. 고기를 구워야 해. 문제는 추가 주문 고기도 구워야 해. 추가 주문 고기를 굽는 알바의 피눈물은 사장님에게는 기쁨의 눈물이지. 그래도 어떤 사람과 함께 일하느냐에 따라 고깃집 알바는 쉽고 즐거우며 돈 버는 보람을 느낄 수 있는 알바야.

🔅 고깃집 알바 업무

- ◆ 출근하면 매장 정리 및 청소: 저녁에 정리하고 퇴근해도 출근하면 또 청소
- ◆ 기본 반찬 세팅: 양념장, 채소, 기본 반찬 미리 준비
- ◆ 숯불 분배: 미리 숯불 세팅
- ◆ 손님 응대: 응대 순서에 따라 무조건 크게(어서 오세요. 몇 분이세요? 주문하시겠어요? 주문 확인하겠습니다.)
- ◆ 서빙: 순서에 따라 반찬 배열
- ◆ 숯불 나가기: 미리 불판과 숯불 세팅
- ◆ 고기 나가기
- ◆ 고기 자르기 및 굽기: 먹기 좋게, 타지 않게 요령껏
- ◆ 계산하고 상 치우기
- ◆ 음료수와 술, 냉장고에 채우기
- ◆ 마감 정리: 불판 닦기 및 닥트 청소

이 일을 퇴근할 때까지 무한반복하는 것이 고깃집 알바 업무.

매장 청소

반찬 세팅

숯불 분배

손님 응대

서빙

고기 자르기 및 굽기

상 치우기

냉장고 채우기

마감 정리

이 모든 걸 무한 반복

고깃집 알바만의 특별한 점

고깃집은 바쁠수록 손님들의 불만이 많아. 이럴 때는 웃는 얼굴로 이해를 구하면 다들 기분 좋게 먹으러 왔기 때문에 이해해줘. 그래도 진상이면 사장님에게 토스. 알바는 유리 직업이라는 거 명심해. 고깃집 알바는 힘든 만큼 동료들의 끈끈한 정과 협업이 특별해.

고깃집 알바의 장점

고기를 잘 구우면 팁을 준다. 오! 서빙을 잘해도 팁을 준다. 오오! 친절하게 대해도 팁을 준다. 오오오!!! 자기 자식 생각 난다며 팁을 준다. 오오오오!!!! 하지만 가뭄에 콩 나는 일일 수도 있어. 회식할 때 고기 회식을 해. 맘껏 먹을 수 있지. 다만 직장이 회식 장소라는 건 별로. 술까지 먹기 때문에 꼭 3차는 노래방으로 가는 게 좋아. 힘든 알바로 인해 알바생들끼리 돈독해

오예~ 팁이다!

고깃집

져. 전우애가 생기지. 혼자 하는 것이 아니라 동료들과 같이하며 서로 이해하고 돕는 것이 고깃집 알바의 장점이야.

◆ **팁 받는 요령**
- 과도한 친절과 성심성의를 다한 서비스(팁을 위해서라면 간과 쓸개도 내미는 정신)
- 연령대가 높은 분들에게 정성을 다한 굽기 서비스(자식 대신 효자, 효녀 코스프레)

✿ 고깃집의 단점

서빙하는 것이 무겁다가 아니라 무섭다. 불판에 된장찌개 뚝배기까진 괜찮다. 숯불을 들고 갈 땐 정말 후덜덜하다. 술에 취한 손님들 사이를 피해 불판 들고 이동할 땐 긴장 백퍼.

고깃집 알바는 생각보다 반찬이 많이 나가 설거지거리가 많다는 것과 고기를 굽느라 앉아 있지 못하고 왔다 갔다 해야 한다는 복병이 있어. 게다가 아무리 조심해도 불을 다루는 직업(?)이라 화상 한두 번은 기본이야. 고깃집에선 술이 기본이라 언제든 진상 손님이 발생하는 고위험군이지.

역시 고깃집
알바는 힘들어...

✿ 고깃집 알바 잡(job) 정보를 정리하면

고깃집 알바는 도전하는 용기가 있어야 해. 고깃집에서 살아남은 자는 어떤 알바도 가뿐히 견뎌낼 수 있는 능력이 쌓이지. 남의 돈 먹는 거 쉽지 않다는 것을 배울 수 있어서 모순되지만 오히려 보람이 있어.

자! 사장님도 비추하는 고깃집 알바는 젊을 때 빡세게 인생의 쓴맛을 보고 싶을 때, 고 깃집 차리기 전에 경험 쌓기 위해서 해볼 만해.

⚙ 관련 직업(조리사)

◆ 조리사가 되려면 어떤 자격이 필요한가요?

기본적으로 조리기능사 자격증이 필요합니다. 한식, 일식, 중식, 양식 등으로 나누어져 있으며, 자신이 목표로 하는 요리와 관련된 자격증을 2개 정도 갖고 있으면 좋습니다.

◆ 조리학과, 식품영양학과, 외식경영학과의 차이는 뭔가요?

조리학과가 조리의 전반적인 요소 및 기술 습득을 중점적으로 배운다면, 식품영양학 과는 조리 기술보다 식품의 가공 및 영양, 위생에 더 큰 비중을 둡니다. 그리고 외식경 영학과는 마케팅이나 경영, 운영에 대해서 배웁니다.

◆ 어떤 자질과 역량이 필요한가요?

장시간 서서 무거운 조리도구를 들고 일해야 하는 만큼 체력과 끈기가 가장 필요하고, 일에 대한 자부심과 열정을 갖는 것이 중요합니다.

◆ 주방 내부의 일은 어떻게 나뉘나요?

호텔 식당의 경우, 크게 차가운 요리와 뜨거운 요리 파트로 나뉩니다. 각 파트는 재료 의 손질과 가공, 음식의 완성, 업장의 전체적인 조율을 담당하는 역할로 나뉩니다.

_진로정보망커리어넷 제공

고 깃 집

저세상 드립 폭발 민속촌 캐릭터 알바

☆ ☆ ☆ ☆

민속촌

★ ★ ★ ★

구독자 요청 대폭발 민속촌 캐릭터 알바

PPL도 들어왔겠다, 기분 좋게 시~작!

선배님들 총평

웃는 것처럼 보인다면 그건 기분 탓입니다.

오늘도 평화로운 민속촌 월드

단순한 알바가 아닌 리뷰니까.

돈이 없지, 품위가 없나!

뒤져서 나오면
10원당 한 대다.

꺄르르

와!
진짜 같다!

다 다
다 다 다

거지 복장이라
안 통하네… 헉!

장성규 씨!
거지가 삥 뜯는 건
안 됩니다.

그리고 한 곳에만 있으면
안 돼요. 민속촌 이곳저곳을
돌아다니며 관람객들을
즐겁게 해줘야지요.

(안 to the 내판)

엄청
넓어

다다익선

데에 데스 뎀뎀 디 데어.

오!
잘했어요.

고등학교
제2 외국어
독일어

그 후로도 계속

원 유로
플리즈.

(깜짝)

2유로.
2유로.

티끌 모아 태 to the 산

이거 너무
비효율적인데.

헐!

어디선가 고향의 소리가?

힘들다, 이거.

언제 어디서든 공연에 특화된 몸

잡(job) 정보 탐색 개시~

뜻밖의 고충

개극혐!

(극혐)

화르르

진짜?

점심도 든든히 먹었으니 새로운 캐릭터로 고고~

(만면에) (미소)

신분 상승이로구나

형 죽은 거야. ㅋㅋㅋ

아 나 죽... 뒈진 거야?

거지로 살다가 뒈진 거예요?

(저세상 경례법)

저승!

(왼손경례)

(저세상 멘트)

차사의 일은 망자의 개명입니다.

업무 시작

TIP 차사의 작명은 한을 풀어줄 수 있는 이름을 지어준다.

착! 착! 착!

김아자세 류이비통 초옥같다

자! 다들 한을 풀고 환생하거라!

TIP 작명 이유를 알고 싶다면 워크맨 22화 민속촌 알바 편을 봐 주세요.

자, 다음 망자들은…

아니, 여기는 됐고 다음 이벤트로…

소질을 발견했다!(아님)

좌천 같은 건 기분 탓이겠지.

통편집 스멜~

자, 장성규를
빨리 환생, 아니
퇴근시켜라.

네이~

(쿠키확인)

왜 편하고 즐거운 일은
일찍 끝나는거야.

민속촌 캐릭터

'세상 모든 직업들에 대해 알려주겠다'는 신념으로 선넘규 워크맨 장성규가 이번에 체험한 직업은 민속촌 캐릭터 알바.

한국민속촌이 어떤 곳이야?

알바를 하기 전에 민속촌이 어떤 곳인지 알아야겠지? 경기 용인시 기흥구에 있는 전통문화 테마파크야. 선조들의 지혜와 슬기를 보고 배우는 박물관? 아냐. 1974년에 개장한 민속촌은 조선시대의 생활문화 및 공예, 세시풍속을 재현한 테마파크야. 맥이 끊긴 낡은 전통문화를 다양한 이벤트와 함께 직접 즐기고 체험할 수 있어. 사기업이지만 '한국민속촌'이란 이름 때문에 국가가 관리하는 느낌이 드는 건 함정. 그렇지만 내외국인 관광객들이 문화 체험을 하며 색다른 한국을 관광할 수 있는 명소인 것은 분명해. 즐거운 전통과의 행복한 공존이 펼쳐지는 곳이 민속촌이야.
더 궁금한 건 민속촌(www.koreanfolk.co.kr/) 공식 홈페이지로.

민속촌 캐릭터가 만드는 전통의 향연

민속촌 캐릭터 알바는 민속마을과 놀이마을에서 다양한 공연과 행사를 진행해. 단순한 보여주기를 넘어 관광객들을 쇼로 끌어들여야 하지. 보이는 곳에서, 건물 앞에서, 옆에서 관광객을 전통문화와 조선시대로 이끄는 게 캐릭터 알바야. 문제는 사람을 즐겁게 하는 게 쉽지 않잖아. 캐릭터 알바 스스로 몰입해야 체험하는 관광객도 재미있어 해. 한마디로 캐릭터에 푹 빠져서 미쳐야 해. 그래서 민속촌 캐릭터 알바들은 항상 즐겁지. 하하하.

민속촌 캐릭터 알바는 캐릭터에 푹 빠져서 해야 해.

저세상 텐션으로~

✿ 민속촌 캐릭터 알바는 인싸?

민속촌 캐릭터 알바는 인기가 엄청 많아. 알바 일 자체가 재밌어. 조선시대의 사또, 죄인, 관상가, 그림도깨비, 차사, 거지 등 색다른 인생을 캐릭터로 분장해 경험하는 일 자체가 즐거워. 게다가 관광객들에게 관심을 받는 것뿐만 아니라 각종 예능 방송 출연도 잦아. 유튜브에서도 관심 폭발이지. 캐릭터 알바들이 등장하는 유튜브 조횟수 장난 아니라고.

✿ 민속촌 캐릭터 알바를 하려면

우선 끼가 많고, 사람들 앞에서 자신을 보여주는 것을 두려워하지 않아야 해. 거기에 연기와 퍼포먼스를 펼칠 수 있는 적극적인 성격은 필수야. 조선시대 체험을 이끄는 나쁜 사또, 이방, 형방, 장사꾼, 화공, 주정뱅이, 광년이, 주모, 포졸, 악사, 거지, 광대 등 다양한 캐릭터부터 옛 시골 경험을 도와주는 이장, 부녀회장, 군수, 산지기, 집배원 등등 일일이 열거하기 힘들 만큼 다양한 캐릭터들이 있어. 그 캐릭터가 되어 민속촌을 휘젓고 다녀야 해. 알겠지? 어떤 성격이어야 하는지.

끼가 많고

적극적인
성격 필수

✿ 민속촌 캐릭터 알바가 하고 싶다면

서류 전형-비공개 개인기 오디션-현장 공개 오디션

서류는 그렇다 쳐도 공연을 펼치는 캐릭터 알바라 오디션에서 연기와 애드리브를 펼쳐야 해. 자신이 연기할 캐릭터의 참신성, 연기력, 관람객과의 소통을 보여줘야지. 그런데 우대 조건 대상자인 연기 지망생, 국악기 연주자, 개그맨 등과 일반 지원자들이 경쟁해야 하는 어려움이 있지. 민속촌 캐릭터 알바는 합격하기가 쉽지 않아. 하지만 합격한다면 인싸와 유튜버로서의 인기는 장담해.

☼ 민속촌 캐릭터 알바는 뭔가 다르다던데?

◆ 캐릭터 알바의 장점

가족이 민속촌을 관람할 때 공짜라는 혜택이 있어. 그런데 365일 매일 관람할 것도 아니고 공짜 관람이라고 해봐야 한두 번이잖아. 그것보다 자신의 끼를 맘껏 발산할 수 있다는 것이 큰 장점이야. 유명해지면 방송에 출연하거나 인기 유튜버로 등극하는 등 다른 알바와는 비교할 수 없지.

◆ 캐릭터 알바의 단점

- 초등학생 빌런과의 대결

하나하나 착한 아이들이라도 뭉치면 용감해져. 캐릭터들을 게임 속 NPC라 생각하는 거 같아. 때리고 돌 던지고 하지. 때론 욕도 해. 이럴 땐 성질을 죽이고 알바의 설움을 마음이 아닌 몸으로 느끼는 수밖에 없어. 인기인이 다 그렇지.

- 무개념 음주 성인 빌런과의 대결

다른 테마파크와 달리 민속촌은 주막에서 음주할 수 있어. 지나친 과음은 음주운전이 아닌 캐릭터 알바에 대한 폭언, 추행으로 이어져. 심하면 싸움까지 벌어지지. 이럴 땐 무조건 CCTV 앞으로 가 증거를 남기는 게 중요해.

◆ 급여와 근무시간

민속촌 운영 시간과 동일하게 하루 8시간 근무에 최저 시급.
2년 일할 경우 정직원. 정직원이라고 해도 알바 때와 큰 차이가 없는 것이 특징.

✿ 민속촌 캐릭터 잡(job) 정보를 정리하면

한국민속촌 캐릭터 알바는 기사로 공고가 나올 정도로 인기 있어. 서류도 그냥 서류가 아니라 소개 영상과 포트폴리오까지 제출할 정도로 경쟁이 심하지. 하지만 캐릭터 연기자로 인기를 쌓으면 예능, 교양 등 공중파, 케이블, SNS 채널에 섭외되는 흔치 않은 기회가 생겨. 사람 만나는 일을 즐기고 밝고 유쾌한 성격이라면 주저 없이 지원해보는 걸 추천해.

✿ 관련 학과

◆ 이벤트 연출 학과

이벤트를 기획하고 진행하는 전문인 양성에 교육 목표를 두는 학과입니다. 광고, 홍보, 전시, MC 등 여러 분야에서 활동할 수 있도록 이벤트 산업 전반에 대해 배웁니다. 관련 직업으로는 무대예술 전문인(무대기계, 조명, 음향). 컨벤션 기획 능력으로 레크리에이션 지도자, 마케팅 전문가, 웨딩플래너, 전시기획자, 큐레이터 등 직업이 있습니다.
졸업 후엔 마케팅 프로모션 전문 회사, 공연, MC 전문 회사, 관광 산업, 전시 산업, 테마파크, 방송국, 기업 마케팅 분야로 진출하며 예술의전당, 한국콘텐츠 진흥원, 한국문화관광연구원으로 정부 및 공공기관에 취업할 수 있습니다.

_진로정보망커리어넷 제공

✼ 법정근로시간

근로 시간은 하루 8시간 주 40시간, 연장근무는 1주 최대 12시간. 근로시간과 연장근무를 합쳐 1주 최대 52시간 근로 가능.

✼ 근로계약서 작성 방법

- ◆ 인적 사항: 근로자, 사용자의 개인 정보
- ◆ 임금: 수당, 임금 계산법 및 지급 방법
- ◆ 근로 시간: 정규 근로 시간
- ◆ 휴일 및 휴가: 휴일, 주휴일, 유급휴가, 연차
- ◆ 장소와 업무: 근로 장소 및 업무 내용

고용노동부(www.moel.go.kr/index.do)에서 표준 근로계약서를 받을 수 있습니다. 근로 형태에 따라 연소 근로자(친권자 동의서 필요), 건설 일용 근로자, 단시간 근로자용 서식을 받을 수 있습니다.

표준근로계약서(기간의 정함이 없는 경우)

_____(이하 "사업주"라 함)과(와) _____(이하 "근로자"라 함)은 다음과 같이 근로계약을 체결한다.

1. 근로개시일 :   년   월   일부터
2. 근 무 장 소 :
3. 업무의 내용 :
4. 소정근로시간 :   시   분부터   시   분까지 (휴게시간 :   시   분~   시   분)
5. 근무일/휴일 : 매주   일(또는 매일단위)근무, 주휴일 매주   요일
6. 임 금
  - 월(일, 시간)급 : _____원
  - 상여금 : 있음 (   ) _____원, 없음 (   )
  - 기타급여(제수당 등) : 있음 (   ), 없음 (   )
    · _____원, _____원
    · _____원, _____원
  - 임금지급일 : 매월(매주 또는 매일)   일(휴일의 경우는 전일 지급)
  - 지급방법 : 근로자에게 직접지급(   ), 근로자 명의 예금통장에 입금(   )
7. 연차유급휴가
  - 연차유급휴가는 근로기준법에서 정하는 바에 따라 부여함
8. 사회보험 적용여부(해당란에 체크)
  □ 고용보험 □ 산재보험 □ 국민연금 □ 건강보험
9. 근로계약서 교부
  - 사업주는 근로계약을 체결함과 동시에 본 계약서를 사본하여 근로자의 교부요구와 관계없이 근로자에게 교부함(근로기준법 제17조 이행)
10. 근로계약, 취업규칙 등의 성실한 이행의무
  - 사업주와 근로자는 각자가 근로계약, 취업규칙, 단체협약을 지키고 성실하게 이행하여야 함
11. 기 타
  - 이 계약에 정함이 없는 사항은 근로기준법령에 의함

                          년   월   일

(사업주) 사업체명 :   (전화 :   )
          주   소 :
          대 표 자 :   (서명)
(근로자) 주   소 :
          연 락 처 :
          성   명 :   (서명)

표준근로계약서(기간의 정함이 있는 경우)

_____(이하 "사업주"라 함)과(와) _____(이하 "근로자"라 함)은 다음과 같이 근로계약을 체결한다.

1. 근로개시일 :   년   월   일부터   년   월   일까지
2. 근 무 장 소 :
3. 업무의 내용 :
4. 소정근로시간 :   시   분부터   시   분까지 (휴게시간 :   시   분 ~   시   분)
5. 근무일/휴일 : 매주   일(또는 매일단위)근무, 주휴일 매주   요일
6. 임 금
  - 월(일, 시간)급 : _____원
  - 상여금 : 있음 ( ) _____원, 없음 ( )
  - 기타급여(제수당 등) : 있음 ( ), 없음 ( )
   · _____원, _____원
   · _____원, _____원
  - 임금지급일 : 매월(매주 또는 매일)   일(휴일의 경우는 전일 지급)
  - 지급방법 : 근로자에게 직접지급( ), 근로자 명의 예금통장에 입금( )
7. 연차유급휴가
  - 연차유급휴가는 근로기준법에서 정하는 바에 따라 부여함
8. 사회보험 적용여부(해당란에 체크)
  □ 고용보험 □ 산재보험 □ 국민연금 □ 건강보험
9. 근로계약서 교부
  - 사업주는 근로계약을 체결함과 동시에 본 계약서를 사본하여 근로자의 교부요구와 관계없이 근로자에게 교부함(근로기준법 제17조 이행)
10. 근로계약, 취업규칙 등의 성실한 이행의무
  - 사업주와 근로자는 각자가 근로계약, 취업규칙, 단체협약을 지키고 성실하게 이행하여야 함
11. 기 타
  - 이 계약에 정함이 없는 사항은 근로기준법령에 의함

                    년   월   일

(사업주) 사업체명 :   (전화 :   )
         주   소 :
         대 표 자 :   (서명)
(근로자) 주   소 :
         연 락 처 :
         성   명 :   (서명)

건설일용근로자 표준근로계약서

_____(이하 "사업주"라 함)과(와) _____(이하 "근로자"라 함)은 다음과 같이 근로계약을 체결한다.

1. 근로개시일 :   년   월   일부터   년   월   일까지
   ※ 근로계약기간을 정하지 않는 경우에는 "근로개시일"만 기재

2. 근 무 장 소 :

3. 업무의 내용(직종) :

4. 소정근로시간 :   시   분부터   시   분까지 (휴게시간 :   시   분~   시   분)

5. 근무일/휴일 : 매주   일(또는 매일단위)근무, 주휴일 매주   요일(해당자에 한함)

6. 임 금
   - 월(일, 시간)급 : _____원(해당사항에 ○표)
   - 상여금 : 있음 (   ) _____원, 없음 (   )
   - 기타 제수당(시간외·야간·휴일근로수당 등): _____원(내역별 기재)
     · 시간외 근로수당: _____원(월   시간분)
     · 야 간 근로수당: _____원(월   시간분)
     · 휴 일 근로수당: _____원(월   시간분)
   - 임금지급일 : 매월(매주 또는 매일)   일(휴일의 경우는 전일 지급)
   - 지급방법 : 근로자에게 직접지급(   ), 근로자 명의 예금통장에 입금(   )

7. 연차유급휴가
   - 연차유급휴가는 근로기준법에서 정하는 바에 따라 부여함

8. 사회보험 적용여부(해당란에 체크)
   □ 고용보험 □ 산재보험 □ 국민연금 □ 건강보험

9. 근로계약서 교부
   - 사업주는 근로계약을 체결함과 동시에 본 계약서를 사본하여 근로자의 교부요구와 관계없이 근로자에게 교부함(근로기준법 제17조 이행)

10. 근로계약, 취업규칙 등의 성실한 이행의무
    - 사업주와 근로자는 각자가 근로계약, 취업규칙, 단체협약을 지키고 성실하게 이행하여야 함

11. 기 타
    - 이 계약에 정함이 없는 사항은 근로기준법령에 의함

                              년   월   일

(사업주) 사업체명 :   (전화 :   )
          주   소 :
          대 표 자 :   (서명)
(근로자) 주   소 :
          연 락 처 :
          성   명 :   (서명)

단시간근로자 표준근로계약서

_____(이하 "사업주"라 함)과(와) _____(이하 "근로자"라 함)은 다음과 같이 근로계약을 체결한다.

1. 근로개시일 :   년   월   일부터
   ※ 근로계약기간을 정하는 경우에는 "   년   월   일부터   년   월   일까지" 등으로 기재
2. 근 무 장 소 :
3. 업무의 내용 :
4. 근로일 및 근로일별 근로시간

	( )요일	( )요일	( )요일	( )요일	( )요일	( )요일
근로시간	시간	시간	시간	시간	시간	시간
시업	시 분	시 분	시 분	시 분	시 분	시 분
종업	시 분	시 분	시 분	시 분	시 분	시 분
휴게 시간	시 분 ~ 시 분	시 분 ~ 시 분	시 분 ~ 시 분	시 분 ~ 시 분	시 분 ~ 시 분	시 분 ~ 시 분

 - 주휴일 : 매주   요일
6. 임 금
 - 시간(일, 월)급 : _____원(해당사항에 ○표)
 - 상여금 : 있음 (   ) _____원, 없음 (   )
 - 기타급여(제수당 등) : 있음 (   ) _____원, 없음 (   )
 - 초과근무에 대한 가산임금률 : ___%
   ※ 단시간근로자와 사용자 사이에 근로하기로 정한 시간을 초과하여 근로하면
     법정 근로시간 내라도 통상임금의 100분의 50 이상의 가산임금 지급('14.9.19. 시행)
 - 임금지급일 : 매월(매주 또는 매일)   일(휴일의 경우는 전일 지급)
 - 지급방법 : 근로자에게 직접지급(   ), 근로자 명의 예금통장에 입금(   )
7. 연차유급휴가
 - 연차유급휴가는 근로기준법에서 정하는 바에 따라 부여함
8. 사회보험 적용여부(해당란에 체크)
 □ 고용보험 □ 산재보험 □ 국민연금 □ 건강보험
9. 근로계약서 교부
 - 사업주는 근로계약을 체결함과 동시에 본 계약서를 사본하여 근로자의 교부요구와 관계없이 근로자에게 교부함
(근로기준법 제17조 이행)
10. 근로계약, 취업규칙 등의 성실한 이행의무
 - 사업주와 근로자는 각자가 근로계약, 취업규칙, 단체협약을 지키고 성실하게 이행하여야 함
11. 기 타
 - 이 계약에 정함이 없는 사항은 근로기준법령에 의함

                    년   월   일

(사업주) 사업체명 :   (전화 :   )
          주 소 :
          대표자 :   (서명)
(근로자) 주 소 :
          연락처 :
          성 명 :   (서명)

✦ 단시간 근로자 계약서 작성 시 주의사항

단시간 근로자의 경우 "근로일 및 근로일별 근로 시간"을 반드시 기재하여야 합니다.
다양한 사례가 있을 수 있어 몇 가지 유형을 예시하오니 참고하시기 바랍니다.

※ 기간제·단시간 근로자 주요 근로 조건 서면 명시 의무 위반 적발 시 과태료 (인당 500만 원 이하) 즉시
부과에 유의(2014. 8. 1.부터)

◆ **예시① 주5일, 1일 6시간 (근로일별 근로 시간 같음)**
- 근로일 : 주 5일, 근로 시간 : 매일 6시간
- 시업 시각 : 9시 00분, 종업 시각: 16시 00분
- 휴게 시간 : 12시 00분부터 13시 00분까지
- 주휴일 : 일요일

◆ **예시② 주2일, 1일 4시간 (근로일별 근로 시간 같음)**
- 근로일 : 주 2일(토, 일요일), 근로 시간 : 매일 4시간
- 시업 시각 : 20시 00분, 종업 시각: 24시 30분
- 휴게 시간 : 22시 00분부터 22시 30분까지
- 주휴일 : 해당 없음

◆ **예시③ 주5일, 근로일별 근로 시간이 다름**

	월요일	화요일	수요일	목요일	금요일
근로 시간	6시간	3시간	6시간	3시간	6시간
시업	09시 00분	09시 00분	09시 00분	09시 00분	09시 00분
종업	16시 00분	12시 00분	16시 00분	12시 00분	16시 00분
휴게 시간	12시 00분 ~ 13시 00분	-	12시 00분 ~ 13시 00분	-	12시 00분 ~ 13시 00분

- 주휴일 : 일요일

◆ **예시④ 주3일, 근로일별 근로 시간이 다름**

	월요일	화요일	수요일	목요일	금요일
근로 시간	4시간	-	6시간	-	5시간
시업	14시 00분	-	10시 00분	-	14시 00분
종업	18시 30분	-	17시 00분	-	20시 00분
휴게 시간	16시 00분 ~ 16시 30분	-	13시 00분 ~ 14시 00분	-	18시 00분 ~ 19시 00분

- 주휴일 : 일요일

_고용노동부 누리집>정책자료>정책자료실

✺ 최저임금이란?

국가가 임금의 최저 수준을 정하고, 사용자에게 이 수준 이상의 임금을 지급하도록 강제하여 저임금 근로자를 보호하는 제도입니다. 1인 이상 근로자를 사용하는 모든 사업 또는 사업장에 해당하며, 위반 시 3년 이하의 징역 또는 2000만 원 이하의 벌금이 부과됩니다.

✺ 2021년 최저임금은?

- ◆ 시급: 8720원, 월급 182만 2480원
  (주 소정근로 40시간, 유급 주휴 8시간 포함)

✺ 알바비를 받지 못했다면?

임금 정기 지급일에 임금을 지급받지 못한 경우, 사업장 소재지의 관할 고용노동(지)청에 진정을 제기하여 구체적인 사실관계 조사를 통해 근로감독관의 도움을 받으시기 바랍니다.

- ◆ 사업장 관할 지방고용노동청에 방문하여 신고
  <고용노동부 홈페이지(www.moel.go.kr) → 상단의 '민원' → 지방청/센터 찾기 → 지방관서> 참조
- ◆ 인터넷을 통한 진정 제기
  <고용노동부 홈페이지(www.moel.go.kr) → 민원 → 민원 신청 → 임금 체불 진정서 (오른쪽 '신청' 버튼 클릭)>

워크맨

2021년 04월 27일 1판 1쇄 인쇄
2021년 05월 07일 1판 1쇄 발행

기획 | 스튜디오룰루랄라
글 | 홍용훈
그림 | 차현진
펴낸이 | 이종춘
펴낸곳 | **BM** (주)도서출판 성안당
주소 | 04032 서울시 마포구 양화로 127 첨단빌딩 3층(출판기획 R&D 센터)
　　　10881 경기도 파주시 문발로 112 파주 출판 문화도시(제작 및 물류)
전화 | 02) 3142-0036
　　　031) 950-6300
팩스 | 031) 955-0510
등록 | 1973. 2. 1. 제406-2005-000046호
출판사 홈페이지 | www.cyber.co.kr
ISBN | 978-89-315-5737-4(03320)
정가 | 18,000원

이 책을 만든 사람들

기획·편집 | 백영희
교정 | 허지혜
표지·본문 디자인 | 글자와기록사이
국제부 | 이선민, 조혜란, 김혜숙
마케팅 | 구본철, 차정욱, 나진호, 이동후, 강호묵
마케팅 지원 | 장상범, 박지연
홍보 | 김계향, 유미나, 서세원
제작 | 김유석

■도서 A/S 안내

성안당에서 발행하는 모든 도서는 저자와 출판사, 그리고 독자가 함께 만들어 나갑니다.
좋은 책을 펴내기 위해 많은 노력을 기울이고 있습니다. 혹시라도 내용상의 오류나 오탈자 등이 발견
되면 "좋은 책은 나라의 보배"로서 우리 모두가 함께 만들어 간다는 마음으로 연락주시기 바랍니다.
수정 보완하여 더 나은 책이 되도록 최선을 다하겠습니다.
성안당은 늘 독자 여러분들의 소중한 의견을 기다리고 있습니다. 좋은 의견을 보내주시는 분께는
성안당 쇼핑몰의 포인트(3,000포인트)를 적립해 드립니다.

잘못 만들어진 책이나 부록 등이 파손된 경우에는 교환해 드립니다.

세상의 모든 JOB을 리뷰한다
워크맨 WKMN

Sticker Pack

최저시급
8720

잡 것 들
1000재